SIMPLE CONSEIL

AUX

ÉLECTEURS DE LA HAUTE-MARNE,

PAR

JEAN-PIERRE,

ancien Soldat de la Grande-Armée,
Laboureur du canton d'Arc-en-Barrois.

Prix : 1 sou.

SE TOUVE CHEZ TOÚS LES LIBRAIRES

DU DÉPARTEMENT DE LA HAUTE-MARNE.

SIMPLE CONSEIL

AUX

ÉLECTEURS DE LA HAUTE-MARNE,

PAR

JEAN-PIERRE,

ancien Soldat de la Grande-Armée,

Laboureur du canton d'Arc-en-Barrois.

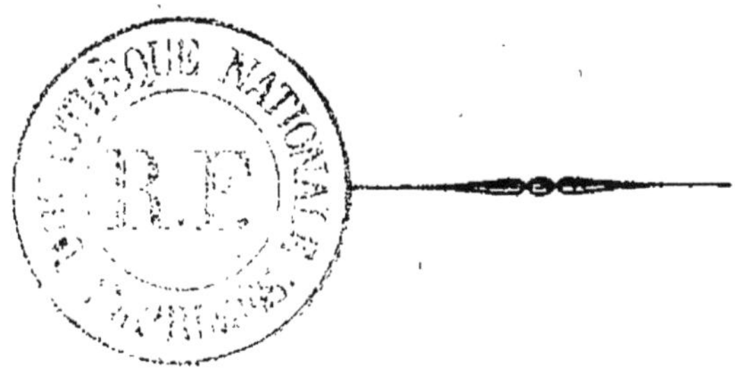

SE TROUVE CHEZ TOUS LES LIBRAIRES

DU DÉPARTEMENT DE LA HAUTE-MARNE.

SIMPLE CONSEIL

AUX

ÉLECTEURS DE LA HAUTE-MARNE

Mes amis, voilà le 13 mai qui approche, c'est le moment, je crois, de nous recorder un peu sur les élections. Recordons-nous donc, si c'est possible.

Pas mal de candidats se mettent sur les rangs. Il y en a qui sont avocats, d'autres médecins, d'autres rentiers, d'autres militaires. Tous s'agitent beaucoup, causent beaucoup. Tous, ils font de belles circulaires pour dire qu'ils ont toutes les qualités requises pour être de parfaits Représentants. Je ne vas pas à l'encontre, bien du contraire ! Mais quand des gens savent si bien faire leur propre éloge, m'est avis qu'il n'y a pas à s'embarrasser d'eux. Ils sauront faire leur chemin tout seuls. Je n'ai donc rien à vous dire sur leur compte.

Mais on m'a parlé, à moi, d'un candidat qui ne bouge pas, qui ne cause pas, qui ne fait pas de circulaires ; mais qui, au dire de bien des personnes plus instruites que vous et moi, ferait un fameux Représentant, car il a de l'esprit, du courage, de la tête, et, comme on dit chez nous, c'est un Français pur sang !

Qui donc celui-là ? allez-vous me demander..... Patience ! vous le saurez tout à l'heure.

Vous souvient-il que, dans ces dernières années, avant que nous fussions en République, il tombait quelquefois parmi vous, à l'époque de la chasse, sans être attendu, sans crier gare ! un grand beau jeune homme, à la tournure militaire, au langage cordial et sans façon, qui embrassait tous les petits enfants et secourait tous les malheureux qu'il rencontrait sur son chemin ? Poli avec nos ménagères, respectueux avec les anciens, familier avec nous tous, n'ayant qu'un défaut, celui d'aimer le péril et de courir après lui comme les autres le fuient, toujours pressé quand il fallait se jeter à l'eau pour sauver un pauvre diable tombé dans la Marne ou dans l'Aujon, intrépide jusqu'à l'audace quand il s'agissait d'arracher à l'incendie la chaumière du paysan, ou la cabane du forgeron ?

Savez-vous son nom à celui-là, dites ?

Pardine ! que vous allez tous vous écrier, c'est le maître de ce château d'Arc-en-Barrois, où il y a toujours du pain pour celui qui a faim, c'est notre PRINCE DE JOINVILLE !

Vous l'avez nommé !

Eh bien ! est-ce que ce ne serait pas un bon, un excellent choix ? Est-ce qu'il serait Dieu possible d'en trouver un meilleur ?

Mais, vont objecter les malins, il est exilé. On ne peut pas envoyer un exilé à l'Assemblée législative.

Et pourquoi pas ? Qu'était donc le prince Louis-Napoléon avant le 4 mai de l'année dernière ? Il était exilé. Qu'est-il devenu depuis ? Représentant !

Je sais bien que l'Assemblée nationale a d'abord cassé son élection ; mais je sais aussi que les électeurs ne se sont pas tenus pour battus, et qu'ils l'ont renommé, non plus dans un ou deux départements, mais dans cinq ou six à la fois, pour bien faire comprendre à l'Assemblée nationale qu'au jour d'aujourd'hui, c'est la volonté de tous qui fait la loi.

Dam ! on a le suffrage universel ou on ne l'a pas. L'avons-nous ? Oui, n'est-ce pas ? Eh bien ! servons-nous-en, nommons qui bon nous semble, c'est notre droit.

La Constitution dit que nous sommes le Peuple Souverain. Ça veut peut-être dire quelque chose. Essayons, pour voir.

Mais, s'écrieront les républicains de la veille, c'est un prince !

Oui, c'est un prince. Après ? Est-ce que, pour être prince, on est moins qu'un autre ? L'égalité est pour tout le monde, même pour les princes.

Est-ce sa faute, à lui, s'il n'est pas simple paysan comme vous et moi ? Ne faisons pas les fiers, ne reprochons pas aux autres les vices de leur origine.

D'ailleurs, allons au fond des choses : qui oserait dire que notre Joinville est un prince comme on l'entendait autrefois, c'est-à-dire un homme se croyant au-dessus des autres hommes, se figurant que le bon Dieu l'a fait d'une pâte particulière ?

Mais vous savez bien que ça n'est pas ça du tout.

Rappelez-vous seulement comment il a été élevé ! Si vous l'avez oublié, je vais vous le dire, moi ! En même temps, je vous redirai à ma façon, c'est-à-dire à la bonne franquette, ce qu'a été jusqu'à présent sa vie, si courte et si pleine, si laborieuse et si peu princière.

Il a été élevé, ainsi que ses frères, dans un collége, comme qui dirait dans une école, avec les enfants des bourgeois, des ouvriers, des paysans, avec les enfants de tout le monde.

Moi qui vous parle, j'ai un fils qui a été au collége avec lui, un fils qui, plus tard, a navigué avec lui pendant plus de dix ans, par qui je sais l'histoire que je vous conte là, un fils qui, à l'heure qu'il est, peut se dire son camarade, son égal, puisqu'aussi bien que lui il est marin. La différence, c'est que mon fils n'a pas été exilé, lui; il ne lui est pas défendu de servir la France, de mourir pour elle. Et ce droit-là, on le refuse au prince de Joinville. — C'est qne supériorité que mon fils a sur lui, pauvre prince !

— Bah ! bah ! diront les goguenards; les princes ont bien aussi leurs petits priviléges. Ainsi, ton fils le marin, est-ce qu'il est vice-amiral?

— Non, répondrai-je, il ne l'est pas, et cela pour une raison toute simple, parce que, soit hasard, soit malheur, il ne s'est pas distingué comme s'est distingué le prince de Joinville.

Car, ne vous y trompez pas, le prince de Joinville n'est pas devenu vice-amiral parce qu'il était prince et fils de roi. Il a pardieu! gagné tous ses grades un à un, sur la mer, au feu, l'épée à la main, comme un Français qu'il est, à travers les périls les plus grands qu'il soit donné à un homme d'affronter. Il eût été fils de bourgeois, d'ouvrier ou de paysan, qu'il n'eût pas fait plus, — et qu'on ne lui eût pas donné moins.

Songez-donc qu'à 31 ans (c'est son âge, il est né en 1818) il compte déjà dix-sept années de service, — pas moins !

Il a commencé comme tout marin commence. Après avoir fait de très-brillantes études au collége Henri IV, il s'est présenté à l'école de Brest. Là, il a subi l'examen que subit tout un chacun qui veut être marin. Seulement il l'a subi mieux que les autres, parce qu'il savait un peu bien son affaire. Puis le voilà qui s'embarque non pas comme prince, mais comme élève de 2ᵉ classe. Il n'y a pas de grade au-dessous de celui-là. S'il y en avait un au-dessous, c'est celui-là qu'il aurait eu; mais il n'y en a pas. Depuis, il est devenu successivement élève de 1ʳᵉ classe, lieutenant de frégate, lieutenant de vaisseau. Et il fallait voir avec quelle exactitude, quel zèle, il s'acquittait de ses rudes fonctions !

Interrogez les marins, il vous diront que personne n'obéissait mieux que lui. Aussi comme il commande aujourd'hui ! Et quel courage ! quel sang-froid ! quelle insouciance en face du danger !

Vous avez bien entendu parler de la fameuse expédition du Mexique, qui eut lieu en 1838 sous les ordres de l'amiral Baudin? (Fier marin encore celui-là, et pas manchot, quoiqu'il ait un bras de moins; demandez-lui ce qu'il pense de notre jeune homme !) Eh bien ! c'est dans cette expédition-là que le prince de Joinville a gagné sa croix d'honneur et ses épaulettes de capitaine de vaisseau. Deux récompenses pas mal méritées, je vous prie de le croire.

C'est qu'il ne s'agissait pas là de combats pour rire. Oh! non, allez ! Les Mexicains étaient commandés par des gaillards qui ne boudaient pas. Mon fils m'a parlé d'un certain Santa-Anna, — un fourbe et un menteur s'il en fût, — mais un dur-à-cuire, comme nous disions au régiment.

Ajoutez que pour les Mexicains il fallait vaincre ou mourir ; car il y avait nombre d'années que ces brigands-là faisaient subir aux Français habitant le pays les tortures les plus affreuses, et ils se disaient dans leur conscience sauvage que, si l'escadre était victorieuse, on leur demanderait œil pour œil, dent pour dent, la peine du talion, quoi! Ça n'était pas vrai, mes enfants. Le marin français n'a pas cette férocité-là. Seulement les Mexicains nous jugeaient d'après eux. — Jugement peu flatteur, mais naturel.

D'ailleurs, ils comptaient bien qu'on ne viendrait pas à bout d'eux; et ils avaient leurs raisons, les gueux! Dam! ils se sentaient protégés par la citadelle de Saint-Jean-d'Ulloa, une citadelle connue dans le monde entier sous le nom du *Gibraltar mexicain*, rien que ça!

Vous ne savez pas ce que c'est, vous autres, qu'un *Gibraltar mexicain?* Je ne le savais pas non plus, mais mon fils me l'a expliqué.

C'est, m'a-t-il dit, une citadelle bâtie au beau milieu d'écueils, tous plus dangereux les uns que les autres, sur des rochers à fleur d'eau, à travers lesquels un vaisseau ne peut pas se hasarder sans risquer de s'y briser,—quelque chose comme un de ces châteaux enchantés dont on parle dans les contes de fées, quelque chose d'imprenable enfin!

Ah! bien oui, imprenable! Voilà un mot qui n'est pas français, comme disait Napoléon le Grand. L'imprenable fut pris.

Et voici comment :

Par une belle nuit, le prince de Joinville descend
de son bâtiment *la Créole*, dans un petit canot. Il
avait avec lui une demi-douzaine de compagnons,
braves comme lui, jeunes comme lui, de ces gaillards qui ne doutent de rien, des mangeurs de bis-
cayens. Une fois dans le canot, ils rament à petit
bruit, la sonde à la main, cherchant dans ce laby-
rinthe de récifs, le passage que le bon Dieu y a
sans doute laissé, afin que ces bandits de Mexicains n'aient pas le droit de vexer, de piller, de
tuer, sans que personne puisse en tirer vengeance.
Le passage existait; ils le trouvent. D'autres se-
raient revenus à la flotte; mais des gourmands
comme ça ne sont jamais satisfaits. Un autre appé-
tit leur vient. Ils veulent aller voir de près la citadelle qu'il s'agit d'assiéger. Sitôt pensé, sitôt exé-
cuté. Ils descendent du canot dans la mer, et s'en
viennent, au pied même du fort, en étudier les
abords, la structure, les côtés les moins solides. Si
vous les aviez vus là, examinant, mesurant, jau-
geant, et cela avec la tranquillité de bons bourgeois, vous les auriez pris pour des étrangers ayant
en poche un laissez-passer du commandant de la
forteresse. Mais ils n'en avaient pas. Aussi leur tira-
t-on des coups de fusil, en veux-tu, en voilà, qui

n'atteignirent personne. Les balles ne se frottent pas à ces durs-là — Elles en ont peur.

Ils s'en revinrent, comme si de rien n'était, rejoindre l'escadre, et quelques jours après, les Mexicains virent, avec étonnement, les navires français s'avancer au travers des écueils et naviguer là-dedans — comme chez eux.

Parmi ces navires si hardis, il y en eut un qui trouva moyen de dépasser les autres en hardiesse, ce fut la corvette du prince. On l'appelait *la Créole*, et de fait, il paraît qu'elle était fine et menue, souple et déliée, — une vraie créole !

Figurez-vous, mes enfans, qu'on l'avait mise dans la réserve, derrière la ligne de combat, cette pauvre petite corvette. Comme ça lui allait au prince !

Aussi il réclame ; il prie, il supplie, tant et si bien que l'amiral lui répond : « Ne restez pas der-» rière, puisque ça vous chagrine si fort, mais il » n'y a pas à vous mettre en ligne avec les autres, » la place manque. Allez où vous pourrez. »

Il n'en voulait pas davantage, notre lieutenant, et il s'en alla, crânement, tout en avant du front de bataille, louvoyer sous la forteresse — qui ne savait plus ce qu'elle devait en penser.

Il lui fallait des boulets à ce jeune homme! Il en eut, mais il en rendit aussi, et avec tant de bonheur, — tant d'habileté, devrais-je dire, — qu'à la suite d'une volée d'obusiers lancés par *la Créole*, on vit tout à coup voler en l'air, avec un horrible fracas, la tour réputée la plus solide de la citadelle, — la Tour du Cavalier!

Il paraît que la volée d'obusiers avait donné en plein cœur du magasin à poudre. Le coup était bon. Il décida du sort de la citadelle, qui capitula immédiatement. — Cela se passait le 27 novembre 1838. — La date, vaut qu'on la retienne. Retenez-la.

L'expédition n'était cependant pas finie. Les Mexicains eurent regret de s'être laissé faire si vite, et après avoir livré leur citadelle, ils se réfugièrent dans la ville de Vera-Cruz, d'où le général Santa-Anna lança fièrement, le 4 décembre, une déclaration de guerre à la France.

Ce n'était qu'une bravade, mais çà demandait un châtiment. Il fut prompt.

Un débarquement en masse eut lieu dans la ville même de Vera-Cruz. On détruisit les forts, on encloua les canons.

Le prince — çà va sans dire — joua son rôle

dans cette vigoureuse expédition. Marchant à la tête des hommes de son équipage, il pénétra de vive force dans la demeure des deux généraux en chef de l'armée mexicaine, et — de sa main — il en fit un des deux prisonniers. Comme après tout il est bon camarade, il voulut laisser le reste aux autres et il revint à son bord avec le général qu'il avait pris. — C'était sa part.

La guerre une fois terminée, le prince quitte le Mexique. Pourquoi y resterait-il plus longtemps ? On ne s'y bat plus.

Deux ans après, — le 12 mai 1840, — le Gouvernement accomplit un grand acte de réparation : il décide que les cendres de Napoléon, exilées jusque-là dans l'île de Sainte-Hélène, seront rendues à la France.

Le prince de Joinville insistait depuis longtemps, avec cette énergie qu'il apporte en toute chose, pour qu'on ne laissât pas entre les mains des Anglais le corps de notre grand Empereur. Il sollicita l'honneur de remplir cette belle mission. On le lui accorda.

Vous dire son bonheur, quand il apprit que ses vœux étaient exaucés, je ne saurais. Ceux qui l'approchent vous diront qu'il en fut ému jusqu'aux larmes. C'est que, voyez-vous bien, mes enfants, il n'y a pas un cœur comme le sien pour aimer et comprendre tout ce qui est noble et patriotique.

Cette mission, il l'accomplit avec le recueillement et la piété d'un fils rendant les derniers devoirs à son père.

Arrivé à Sainte-Hélène, il alla s'agenouiller sur la tombe du grand homme. Puis, il voulut visiter la maison qu'il avait habitée, et quand il la quitta il dit, d'une voix étouffée, à ceux qui l'accompagnaient : « Oh ! l'exil, messieurs, l'exil ! C'est plus » terrible que la mort !... »

Pauvre jeune homme !.... C'était un pressentiment ?...

Comme il revenait en France, rapportant avec lui les précieuses dépouilles du grand homme, il rencontre un navire qui lui remet des journaux. On y lit que la guerre entre la France et l'Angleterre est sur le point d'éclater. Ce n'était pas là, — remarquez-le bien, — une de ces nouvelles en l'air comme les journaux n'en fabriquent que trop. Elle arrivait au milieu de circonstances qui lui donnaient un caractère sérieux. Ainsi, les journaux annonçaient en même temps que Beyrouth venait d'être bombardé, que les côtes de Syrie étaient bloquées par les Anglais. Ils ajoutaient que le ministère devait donner sa démission en masse, si la guerre n'avait pas lieu. Un ministère qui menace de donner sa démission en masse, obtient généralement tout ce qu'il veut, on sait ça. Ainsi, le prince crut à la guerre. On croit à ce qu'on désire, dit la chanson. Et le prince, à cette époque, n'aurait pas été fâché de se prendre au collet avec MM. les Anglais. Que voulez-vous? Il revenait de Sainte-Hélène, et il avait le cœur plein de colère contre les bourreaux de l'empereur, ce brave garçon !

Aussi comme il se hâte de mettre sa frégate en état! Avec quel empressement il fait monter sur leurs affûts les canons qui, jusque-là, avaient reposé à plat ventre sur le pont, comme de vrais fainéants !

Les passagers, — il faut le dire, — n'étaient pas trop ravis du bouleversement. — Et pour cause?— On démolissait leurs cabines, on les délogeait pour loger les canons, on préparait les carabines, les sabres d'abordage, le tremblement général. — ne les faisait par rire. Quant au prince, il se frottait les mains. Et à ceux qui semblaient ou contrariés, ou inquiets, il disait :

« Soyez sans crainte, mes précautions sont excellentes ; les Anglais ne nous prendront pas. Si nous avons le bonheur de les rencontrer, nous nous battrons, — et nous nous battrons bien, j'en suis sûr. — S'ils sont plus forts que nous, eh bien! comme il ne faut pas que le cercueil de Napoléon soit encore une fois ramené à Sainte-Hélène, je mettrai le feu aux poudres, et nous sauterons tous en compagnie de l'empereur Napoléon. — Quel honneur!... »

Quand les matelots l'entendaient parler ainsi, ils trépignaient de joie, et ils poussaient des cris frénétiques de : « Vive l'Empereur! vive le prince de Joinville! vive la guerre! »

La guerre ne vint pas cette fois. Le prince s'en consola en pensant que, grâce à lui, la France avait vu s'accomplir le vœu formé par Napoléon à son lit de mort, exprimé par lui dans son testament en ces termes si simples et si touchants, que vous avez lus comme moi, n'est-ce pas?

« Je désire que mes cendres reposent sur les
« bords de la Seine, au milieu de ce peuple fran-
« çais que j'ai tant aimé. »

Cette occasion de guerre, le prince ne devait la retrouver que plus tard, quatre ans après, à Tanger et à Mogador.

« Tanger! Mogador! deux beaux noms! deux

exploits qui vivront longtemps dans la mémoire de la marine française, — me l'écrivait l'autre jour mon fils le marin, — car ils rappellent d'immenses difficultés vaincues à force d'audace et de savoir ; car là, comme à Saint-Jean-d'Ulloa, on avait contre soi le canon des assiégeants et les récifs d'une mer houleuse, c'est-à-dire deux ennemis à la fois. A Tanger et à Mogador, on en avait un troisième, plus terrible à lui seul que les deux autres réunis. Cet ennemi-là s'appelle — le vent ! Un vent qui vient de la pleine mer, et qui vous pousse les navires à la côte avec une violence et une opiniâtreté que rien ne lasse. Tirez-vous donc de cette lutte d'un contre trois ! Le prince s'en tira, lui, — et merveilleusement ! »

Au reste, si vous voulez savoir combien, dans cette double expédition, il s'est montré habile, courageux et fertile en ressources, ce ne sont pas les relations officielles que vous devez consulter ; car les relations officielles, c'est lui qui les a faites, puisque c'était lui le commandant en chef. Or, ce prince-là est un singulier prince, allez ! Quand il raconte une bataille à laquelle il a assisté, il parle des officiers, des matelots, des soldats, de tout le monde enfin, mais il ne dit pas un mot de lui.

Heureusement, j'ai là sous la main une lettre que mon fils m'écrivit à l'époque, et je vais vous la transcrire. Ça vous dira la chose mieux que je ne le ferais.

« En rade de Mogador, le 17 août 1844.

« Cher père, je n'ai pas pu t'écrire de Tanger, nous n'avions pas un instant à nous. Je te conterai les deux affaires en une fois ; ça économisera le temps et le papier.

« Toi qui t'occupes de politique, depuis que tu as un fils qui a l'honneur d'être marin, tu sais que si nous sommes venus ici, c'est à propos de quelques insolences de l'empereur du Maroc, et surtout à propos d'Abd-el-Kader, auquel il s'obstine à donner un refuge, toutes les fois que l'émir se sauve devant notre brave armée d'Afrique.

« Il s'agissait de donner une leçon à ce barbare et de lui prouver qu'on ne se moque pas de la France.

« C'est par Tanger que nous avons commencé.

« Notre amiral de vingt-sept ans, qui à l'expérience d'un marin consommé, au courage du matelot joint l'humanité d'un grand cœur, avait décidé qu'on se contenterait de détruire les fortifications de l'extérieur, mais qu'on ne toucherait pas à la ville.

« En quelques heures de bombardement l'affaire était réglée; Tanger n'avait plus de fortifications.

« Il paraît que l'empereur était abasourdi. C'est qu'il ne savait pas, le pauvre homme, à quel amiral expéditif il avait à faire.

« Voilà donc la ville de Tanger ouverte de tous les côtés. Il ne tenait qu'à nous d'y entrer. Ç'eût été une simple promenade; le prince ne s'amuse pas à la faire. Il donne l'ordre de lever l'ancre, et nous partons pour Mogador, située à cent vingt lieues de là.

« Mogador, vois-tu bien, cher père, est le premier port commercial du Maroc. C'est la ville chérie de l'empereur, car outre qu'il en touche les revenus publics, elle est sa propriété particulière. C'est à lui personnellement qu'en appartiennent les terrains, les boutiques, les magasins et les maisons grandes et petites. Les habitants ne sont que ses locataires.

« Tu comprends que toucher à çà c'est toucher à l'arche sainte : nous y avons touché.

« Mais, il faut le dire, nous avons eu du mal. Arrivés le 11 devant la ville, il a fallu nous débattre pendant quatre jours avec un temps épouvantable. Nos navires dansaient comme des coquilles de noix, et nos ancres cassaient comme du verre. Cependant nous n'étions pas sans espoir, car les ordres du jour quotidiens du prince étaient d'un calme qui faisait contraste avec le temps.

« Enfin, le 15, la brise mollit et se fit maniable. Çà n'était pas malheureux, car le 15 août est tout à la fois la fête de l'empereur et celle de la reine des Français. Le prince veut fêter en même temps et sa sainte femme de mère, qu'il aime tant, et la mémoire de l'Empereur, pour laquelle il professe un culte religieux ; il ordonne l'attaque.

« Tu devines notre joie !

« Dès la veille, chaque navire avait sû le poste qu'il devait occuper, et le bruit courut que les vieux capitaines étaient tous tombés d'accord sur ce point que le plan de notre jeune amiral était l'œuvre d'un homme supérieur. C'était, disaient-ils, la sagesse du vieillard, l'audace du jeune homme, et, par dessus tout, la sollicitude du chef qui veut épargner le sang de ses soldats.

« Maintenant, tâche de bien comprendre ce que nous avions à faire. Je vais essayer de te l'expliquer aussi clairement que possible,

« Il s'agissait de réduire à la fois la ville de Mogador située à notre gauche, l'île de Mogador située à notre droite, puis de pénétrer dans le port, dont les batteries de la ville, croisant leurs feux avec celles de l'île, semblaient rendre l'entrée impossible. Il était dit que si nous parvenions à forcer le port, nous devions occuper l'île et faire une descente dans la ville, dont on démantèlerait les batteries.

« Tout cela a réussi au-delà de nos espérances. Les assiégés, qui avaient parmi eux des pointeurs espagnols, se sont défendus avec une rare vigueur; ils nous ont tué et blessé beaucoup de monde, mais nous n'avons pas été en reste avec eux.

« A cinq heures du soir, l'entrée du port était forcée. L'ordre de débarquer dans l'île fut donné.

« Le prince, descendant alors dans son canot, se fait diriger en toute hâte vers le point qu'il avait désigné, à l'avance, comme devant être occupé par les troupes et les matelots de débarquement.

« Nous y arrivons des premiers, j'avais l'honneur d'être à ses côtés. Une vive fusillade nous accueille. Le capitaine Duquesne est blessé, le lieutenant de vaisseau Coupvent-des-Bois reçoit une balle dans l'épaule ; le capitaine Dabadie, officier d'ordonnance du roi, a son képi criblé de balles.

Comme ces officiers accompagnaient le prince, on se dit que lui aussi doit être blessé ; mais il faisait une fumée de tous les diables, impossible de rien distinguer. Par bonheur, nous reconnaissions sa voix qui, dominant la fusillade, faisait entendre ce cri tout français : « Camarades, en avant, et vive la France ! » Et nous marchions toujours.

« Enfin, la fumée se dissipe, et j'aperçois l'amiral qui, une petite canne à la main (il n'avait pas d'autre arme), poussait devant lui les Marocains fugitifs. Nous le rattrapons, et après une heure d'une lutte corps à corps, soutenue par les Marocains avec la ténacité du désespoir, l'île est à nous, et le pavillon tricolore remplace l'étendard du Maroc.

« Demain, nous démantèlerons la ville.

« Après-demain, ce sera la paix.

« J'espère pouvoir aller bientôt te conter mes exploits, car, moi aussi, j'ai fait mon devoir. La preuve, c'est que le prince m'a dit qu'il était content de moi. Or, en fait de courage, celui-là s'y connaît.

« Je t'embrasse du fond du cœur.

« A bientôt. »

Il m'écrivait : « A bientôt ! » Il avait compté sans son amiral, qui n'est jamais pressé de revenir à terre, l'infatigable qu'il est !

La paix était signée, qu'importe ? il y a toujours de la besogne dans la vie de marin. A défaut de bataille, ce sont des évolutions qu'on s'en va faire ou sur les côtes de France, ou sur celles des pays étrangers. Dans le premier cas, on exerce ses matelots, on les empêche de se rouiller. Dans le second, on fait savoir aux étrangers que la marine française ne s'endort pas. Quelquefois on porte secours à un navire en détresse; quelquefois on recueille des naufragés ; quelquefois enfin ; on accomplit un devoir, ou l'on répare un oubli de la mère-patrie.

C'est tout justement ce que fit le prince de Joinville au mois de juin 1847.

Il était alors dans la Méditerranée, en rade de Palma, à une courte distance de la petite île de Cabrera.

Ce nom de *Cabrera* frappa le jeune prince. Il se demanda si ce n'était pas dans cette île, qu'à la suite de la triste capitulation de Baylen (nous nous souvenons de ça, avec douleur, nous autres vieux de la vieille !) de pauvres soldats français avaient été transportés par les Espagnols, en 1808. Il sut bientôt qu'il ne se trompait pas, et il apprit même qu'en passant le long de l'île, on pouvait voir de loin des ossements humains blanchis par le temps.

Alors une pieuse pensée, une pensée toute française, lui vint au cœur, et il adressa l'ordre du jour suivant à son escadre :

« Le commandant en chef a été informé que l'on voyait sur plusieurs points de l'île Cabrera des ossements sans sépulture, tristes restes de nos malheureux compatriotes faits prisonniers à Baylen et morts de misère sur le rocher de Cabrera.

« Le *Pluton* s'est rendu, par son ordre, au mouillage de cette île. Les officiers et l'équipage, guidés par un Espagnol qui a assisté à la lente agonie de nos soldats, ont recueilli une grande quantité d'ossements, qui gisaient sur le sol, exposés à toutes les insultes. Demain, le *Pluton* retournera à Cabrera, avec M. l'abbé Coquereau, pour déposer ces tristes débris dans une sépulture chrétienne.

« L'amiral propose à l'escadre de faire placer sur le lieu de la sépulture une pierre avec cette inscription :

A LA MÉMOIRE DES FRANÇAIS MORTS A CABRERA,
L'ESCADRE D'ÉVOLUTION DE 1847.

« *Le vice-amiral commandant en chef,*

« FR. D'ORLÉANS. »

Officiers et matelots, toute l'escadre répondit avec un touchant empressement à ce pieux et patriotique appel. La souscription monta aussitôt à plusieurs milliers de francs : le prince y contribua pour 1,000 francs.

L'escadre voulut que le nom du commandant en chef fût gravé sur la pierre du monument funèbre ; les capitaines firent connaître ce vœu au nom de leurs officiers et matelots. En conséquence, on fit graver l'inscription suivante :

A LA MÉMOIRE DES FRANÇAIS MORTS A CABRERA,
L'ESCADRE D'ÉVOLUTION DE 1847,
COMMANDÉE PAR LE VICE-AMIRAL PRINCE DE JOINVILLE.

Il fallut cacher ce changement au vice-amiral, sa modestie ne l'aurait point souffert. A l'heure qu'il est, il l'ignore sans doute encore.

Que dites-vous, mes enfants, de ce prince dont le cœur s'émeut au souvenir des Français morts dans l'exil ?

Je dis, moi, que si nous ne sommes pas des ingrats, nous devons lui prouver que, nous aussi, nous pensons aux exilés ; je dis que si nous sommes de bons Français, nous devons rendre à la France cet enfant digne d'elle, et à notre marine ce marin dont elle était si fière.

Et tenez, je lis dans les journaux que le consul de la République française vient d'être insulté à Tanger par les agents de l'empereur de Maroc. Le moment ne serait-il pas bien choisi pour faire rentrer en France celui qu'il y a quatre ans, donnait aux Marocains une si rude et si vigoureuse leçon ?

Qui sait ? les Marocains ont peut-être entendu dire que le vainqueur de Tanger n'est plus en France, et, se figurant sans doute qu'il n'y reviendra jamais, ils font les insolents.

Prouvons-leur qu'ils se trompent. Hâtons-nous de le rappeler.

Mais nous avons d'autres amiraux, dira-t-on !

Mon Dieu, nous en avons d'autres, je sais bien cela ; mais en avons-nous de trop ? Je peux bien vous dire ma pensée tout entière à vous autres :

« Loin que nous en ayons de trop, je crois que
« nous n'en avons pas assez. Un de plus ne serait
« pas du luxe. »

Mais.....

Faut-il tout dire ? Faut-il que, sans plus de façon, j'aille tout droit au fond de la pensée de quelques-uns, et que je fasse ici, bien nettement, bien carrément, la question qu'ils se font eux-mêmes dans leur cœur ?

Oui, n'est-ce pas ? — Car où serait-on franc si ce n'est parmi nous autres paysans ? — Soyons donc francs et disons :

— Mais le prince de Joinville en France, est-ce que ce n'est pas une possibilité de guerre civile ?

Voilà la question n'est-il pas vrai ?

Eh bien ! à cette question, je réponds moi, la main sur la conscience, en présence du bon Dieu : — « Non. »

Et pour vous prouver que je vois juste, je vous rappelle un passé, — qui n'est pas déjà si loin de nous, — je vous rappelle le 24 février 1848.

A cette époque, où était le prince de Joinville ?

En Algérie, avec son frère le duc d'Aumale.

L'un d'eux était le gouverneur-général de l'Algérie. L'armée l'aimait comme elle avait aimé le duc d'Orléans, de touchante mémoire.

L'autre n'avait qu'un mot à dire pour faire aller les marins là où il voudrait. Car la marine tout entière l'adorait. S'il se fût présenté ou à Toulon, ou à Brest, ou à Cherbourg, les marins auraient couru à lui et lui auraient dit :

— Amiral, que faut-il faire ?

Et, — croyez-moi, — ils auraient fait ce qu'il aurait voulu qu'ils fissent.

Vous ne me croyez pas?

Mais vous me croirez peut-être quand je vous rappellerai que c'était là toute la crainte du Gouvernement provisoire ! Oui, toute la crainte ! Et la preuve, c'est que, dès le 25 février, M. Arago, ministre de la marine, écrivait au prince de Joinville une lettre dans laquelle cette frayeur du Gouvernement provisoire n'était pas du tout dissimulée.

La lettre a été publiée déjà. Vous l'avez oubliée peut-être. Je vous en remets sous les yeux le texte officiel :

« Paris, le 25 février 1848, 8 heures 1|2 du soir.

Le Ministre de la Marine à M. le prince de Joinville,
à Alger.

« Prince,

« Le salut de la patrie exige que vous ne fassiez aucune tentative pour détourner les équipages et les soldats de marine de l'obéissance qu'ils doivent au Gouvernement provisoire.

« Il importe que vous renonciez jusqu'à nouvel ordre à mettre le pied sur le sol de la France et à communiquer avec aucun des marins de la flotte.

« Prince,

« Votre cœur patriotique saura se résigner à ce sacrifice, et l'accomplira sans hésiter. Tel est l'espoir que le Gouvernement provisoire met en vous.

« *Signé :* FRANÇOIS ARAGO. »

Partie de Paris le 25 février, la lettre était à Alger le 2 mars. Que va faire le prince?

Parlons sincèrement : l'occasion était tentante. La République venait de naître. Je ne sais pas au juste l'effet que sa naissance avait produit dans le reste de la France, mais ce que nous savons, vous et moi, c'est qu'ici, en Champagne, nous n'ajoutions pas grand'foi à sa solidité. On pouvait bien en Algérie penser comme en Champagne. Le prince dont on venait de chasser la famille pouvait bien avoir dans l'âme quelque idée de revanche. Et, dans le premier moment, il eût porté la main à la garde de son épée que personne — même parmi les républicains — ne s'en fût étonné.

Une seule pensée pouvait l'arrêter : L'HORREUR
DE LA GUERRE CIVILE !

Cette pensée lui vint; elle lui dicta sa conduite.
Dès le 3 mars, c'est-à-dire dès le lendemain du
jour que la lettre du Gouvernement provisoire lui
était parvenue, il prit la plume, et noblement, sim-
plement, sans amertume, sans colère, mais avec
son cœur tout Français, il écrivit :

« Monsieur le ministre,

« J'ai reçu la dépêche télégraphique que vous
m'avez adressée. J'aime trop mon pays pour avoir,
un instant, songé à y porter la discorde.

« Du fond de l'exil, mes vœux les plus ardents
seront toujours pour le bonheur de la France et le
succès de son drapeau.

« *Signé* : FRANÇOIS D'ORLÉANS. »

Vous avez lu, n'est-ce pas ? Maintenant, laissez-
moi vous poser une question, une seule :

Est-ce que l'homme qui a écrit cela — le lendemain de la Révolution de Février — consentirait
jamais à porter la discorde dans son pays ?

A votre tour, mes enfants, faites comme j'ai fait
tout-à-l'heure; mettez la main sur votre conscience,

et, en présence de Dieu, répondez à la question que je viens de vous adresser...

Mais, votre réponse, je la devine, la voici :

« Non, le vice-amiral de Joinville ne saurait être un danger pour la France, car jamais personne n'aima son pays d'un amour plus profond, plus sincère et plus désintéressé.

Oui, c'est lui qui doit nous représenter à l'Assemblée législative.

Il y défendra de sa parole les intérêts de la France, de la société.—Au besoin, comme à Saint-Jean-d'Ulloa, comme à Tanger , comme à Mogador, il les défendrait de son épée !

JEAN-PIERRE,
Laboureur du canton d'Arc-en-Barrois.

Imp. de J. GUYOT, rue Ne.-des-Mathurins, 18.